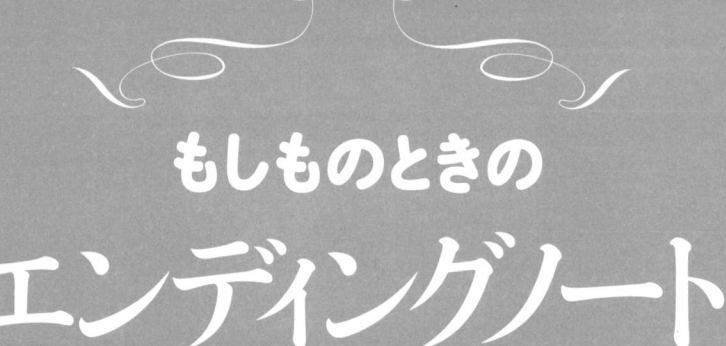

もしものときの
エンディングノート
ENDING NOTE BOOK

このノートは私の「もしものとき」のために

自らの意思によって

自身とその関連情報などについて記したものです。

私が意思を伝えられない状態になったときは

本書に記入した意思・要望の内容に沿った対応をお願いいたします。

「もしものとき」にこのエンディングノートを読んでほしい人たち

　年　　　月　　　日　　署名　　　　　　　　　　　　　　　　　㊞

はじめに　〜エンディングノートとのつき合い方

　この『もしものときのエンディングノート』は、あなたのこれまでの人生を振り返り、自身に関するさまざまな情報を記録しておくための一冊です。

　生きていれば、いつ何が起こるかわかりません。事故や病気、予想だにしなかった事態に遭遇することは、年齢にかかわらず、誰にも等しくあり得ます。そんな「もしものとき」に備えて、このノートにあなた自身やご家族に役立つ大切な情報を、わかりやすくまとめておきましょう。日々の備忘録としても大いに役立ってくれるはずです。

　本書は、健康や資産、家族や友人など現在のあなた自身にかかわる情報を記す第1章、終末期医療、尊厳死、葬儀、墓、遺言など「もしものとき」に対する考えや希望を書き込む第2章、そして、これまで大切にしてきたこと、周囲の人たちへのメッセージなど、あなたの人生と思いを伝える第3章から構成されています。

　筆記用具を手に本書を開き、これまでの道のりを振り返ってみると、自分を支えてくれた人々、記憶の底に眠っていたさまざまな思い出など、あなたにとって大切なものがより鮮明になってくるはずです。それらを再確認し、記録していく作業は、これからの人生をより充実させることにもひと役買ってくれるでしょう。

　また、本書をご両親など自分以外の方のために手にとっていただいた方もいらっしゃるかと思います。そのまま渡していただいてももちろんけっこうですが、お相手によっては本書の項目についてご本人の希望をまず聞き書きしてからお渡しいただくこともおすすめです。「書き始める」より「書き直す」ほうがハードルが低くなることはありますし、家族について、「もしものとき」について、本書をきっかけに直接話を聞くことで、お互いに新たな発見を得られるかもしれません。

- エンディングノートに記入する事項については、家族と普段からよく話し合っておきましょう。
- エンディングノートに法的効力はありません。
- エンディングノートの存在は、家族に伝えておきましょう。

※エンディングノートには、あなたの大切な個人情報が記入されています。第三者に簡単に読まれたりしないよう、取り扱いには細心の注意を払い、紛失したりしないよう大切に保管しましょう。ノートの存在と保管場所は、託す人だけに伝えてください。

C O N T E N T S

第1章
自分自身に関すること

- ●私についての覚え書き……6 ●私の履歴……7 ●健康状態について……8 ●預貯金について……10
- ●口座自動引落しについて……11 ●有価証券について……12 ●そのほかの金融資産について……13
- ●不動産（土地・建物）について……14 ●年金について……15 ●保険について……16
- ●クレジットカード・電子マネーなどについて……18 ●ローン・借入金について……20
- ●貸付金について……21 ●携帯電話・パソコンについて……22 ●家族について……24 ●家について……26
- ●親族について……28 ●友人・知人について……30 ●所属団体（グループ）について……32
- **コラム1** 資産・負債の把握と管理……23

第2章
自分の「もしものとき」のこと

- ●介護・看護について……34 ●告知・終末医療について……36 ●ペットについて……38
- ●葬儀について……40 ●墓・納骨について……44 ●供養・法要について……45
- ●遺言書について……46 ●遺産・遺品について……47
- **コラム2** 介護や看護、告知・終末医療……39
- **コラム3** 相続と遺言の関係……48
- **コラム4** 遺言書の意味と特徴……49
- **コラム5** 葬儀・納骨・墓・法要……50

第3章
自分の大切なもの・伝えておきたいこと

- ●趣味・好きなもの・大切なもの……52 ●自分年表……54 ●思い出・エピソード集……58
- ●私からのメッセージ……59 ●メモ……62

はじめに　～エンディングノートとのつき合い方……2
このノートについて……4

このノートについて

どこからでも、自分のペースで
まずは「書きたい」「書きやすそう」と思ったところから記入していきましょう。選択項目であれば、□に☑とチェック印を記入し、その理由なども記すとよいでしょう。考えすぎて迷ってしまうという人は、変更の少ない項目をなるべく早い段階で記入するというのも手です。書き疲れたら、また後日あらためて。時間をかけてじっくりエンディングノートとつき合っていきましょう。

書きやすい、使いやすいスタイルで
写真や手紙、連絡リストなど今後も更新していきたいものは、ファイルのデータをCD-Rなどに保存してその保管場所を記入してもいいでしょう。また、データがある部分は、手書きでなくとも、そのプリントアウトを貼ってもかまいません。

何度書き直してもかまいません
エンディングノートは、できるだけ鉛筆ではなく、万年筆、ボールペン、サインペンなどで記入するようにしてください。とはいえ、もちろん書き直しや訂正なども可能。その際は2本線等で消した上で空いているスペースに書きます。スペースが足りない場合は、別紙に記入し、該当箇所に貼りつけるなどしましょう。

日付は忘れずに
そのページをおおかた書き終えたら、それぞれのページの日付欄に記入しておきましょう。後日読み直して、書き足したり、書き直すときにも便利です。

定期的に読み返しましょう
生まれてくる人、逝く人……周囲の人間関係や情報は、時とともに変化します。また、自分の気持ちや考えがそのときどきの状況によって変わるのは当然のことです。エンディングノートは一度書いたからといってしまいこまず、お正月や誕生日、各種記念日など、折に触れて見直し、書き足したりしましょう。

このエンディングノートに法的効力はありません
「もしものとき」にはこうしたい、という希望を記入するページがありますが、法的効力を必要とする事柄は、専門家に相談の上、遺言書を別に作成するなどしてください。可能な限り家族などにあらかじめ自分の希望を伝えておくことも大切です。

※エンディングノートには、あなたの大切な個人情報が記入されています。第三者に簡単に読まれたりしないよう、取り扱いには細心の注意を払い、紛失したりしないよう大切に保管しましょう。また、情報によっては不正使用される恐れがありますので、クレジットカードや各Webサイトのパスワードなどといった情報をすべて記入することは避け、一部の情報にとどめておくことをおすすめします。ノートの存在と保管場所は、託す人だけに伝えてください。

第 1 章
自分自身に関すること

思い出の1枚を貼りましょう

撮影日： 　　　　　　　　場所：

私についての覚え書き

記入日　　年　　月　　日

自分の基本情報を記入するページです。健康保険証や運転免許証などの公的な管理番号や、そのほかの番号もここにまとめて控えておくと、紛失時などに役立ちます。

フリガナ 名　前	（フリガナ 旧姓：　　　　　）
生年月日	年　月　日　干支
出生地	星座
本籍地	（戸籍筆頭者：　　　　　）
現住所 ※住民票上の住所	〒
電話	FAX
携帯電話	
メールアドレス	パソコン
	携帯電話
勤務先名／学校名	（所属：　　　　　）
所在地	〒
電話	FAX
健康保険証	種類　　　　　記号番号
老人保険証	記号番号
介護保険証	記号番号
運転免許証	記号番号
基礎年金番号	
そのほかの年金 の種類と番号	
パスポート	記号番号
そのほか	

私の履歴

記入日　　年　　月　　日

自分の経歴を記入するページです。特に、成年後の学歴・職歴は漏らさず記入しておくと、年金（→ P15）の内容を確認する際にも便利です。

元号	年	月	履歴（学歴・職歴）
明・大昭・平			
明・大昭・平			
明・大昭・平			
明・大昭・平			
明・大昭・平			
明・大昭・平			
明・大昭・平			
明・大昭・平			
明・大昭・平			
明・大昭・平			
明・大昭・平			
明・大昭・平			
明・大昭・平			
明・大昭・平			
明・大昭・平			
明・大昭・平			
明・大昭・平			

備考

第1章　自分自身に関すること

健康状態について

記入日　　年　　月　　日

自分の健康管理の情報を記入するページです。かかりつけの医院や最近の健康診断に関する情報をまとめておきましょう。

| 身長 | cm | 体重 | kg | 血液型 | 型 RH（＋・－） |

アレルギー（食べ物・薬剤・そのほか）　□ 有（　　　　）　□ 無

❖ かかりつけの医療機関

医療機関名	
診療科名	電話
担当医師名	
診察券の保管場所	

医療機関名	
診療科名	電話
担当医師名	
診察券の保管場所	

❖ かかりつけの歯科医院

医院名	
担当医師名	電話
診察券の保管場所	

❖ 最近の健康診断

| 実施 | 年　　月　　日 | 診断表の保管場所 |

内容・結果など

記入日　　年　　月　　日

過去と現在の自分の健康状態について、確認されたときにいちいち調べたりしなくてもすぐ伝えられるように、ここに記入しておきましょう。

❖ 過去にかかった大きな病気・けが

病名・症状	治療期間	治療した病院など
	年　　月頃～ 年　　月頃まで	
	年　　月頃～ 年　　月頃まで	
	年　　月頃～ 年　　月頃まで	
	年　　月頃～ 年　　月頃まで	
	年　　月頃～ 年　　月頃まで	

❖ 現在抱えている病気・常用している薬

病　名	薬名 （保管場所）	医療機関・担当医	発症年月
	（　　　　　）		年 月
	（　　　　　）		年 月
	（　　　　　）		年 月
	（　　　　　）		年 月

特に記しておきたいこと（そのほかの健康上の注意点など）

第1章　自分自身に関すること

預貯金について

記入日　　年　　月　　日

自分の預貯金口座を記録するページです。安全のため、暗証番号や通帳・印鑑の保管場所などはここには記入せず、家族などには別の方法で伝えておくことをおすすめします。

❖ 預貯金口座の記録

金融機関名		支店名・店番号		口座の種類	
口座番号		名義人			
Web用ID					
備考					

金融機関名		支店名・店番号		口座の種類	
口座番号		名義人			
Web用ID					
備考					

金融機関名		支店名・店番号		口座の種類	
口座番号		名義人			
Web用ID					
備考					

金融機関名		支店名・店番号		口座の種類	
口座番号		名義人			
Web用ID					
備考					

金融機関名		支店名・店番号		口座の種類	
口座番号		名義人			
Web用ID					
備考					

口座自動引落しについて

記入日　　年　　月　　日

金融機関口座の自動引落し（口座自動振替）の状況を記入するページです。死亡するとその人の口座からの自動引落しはできなくなる（→P23）ので注意しましょう。

❖ 引落しの内容と口座の記録

項目	金融機関・支店	口座番号	引落し日	備考
電気料金			毎月　　日	
ガス料金			毎月　　日	
水道料金			毎月　　日	
電話料金			毎月　　日	
携帯電話料金			毎月　　日	
NHK受信料			毎月　　日	
保険料（　　）			毎月　　日	
保険料（　　）			毎月　　日	
保険料（　　）			毎月　　日	
クレジットカードの支払い（　　）			毎月　　日	
クレジットカードの支払い（　　）			毎月　　日	
クレジットカードの支払い（　　）			毎月　　日	
			毎月　　日	
			毎月　　日	
			毎月　　日	
			毎月　　日	
			毎月　　日	
			毎月　　日	
			毎月　　日	

メモ

第1章　自分自身に関すること

有価証券について

記入日　　年　　月　　日

自分の所有する有価証券について記入するページです。本人以外わからないことも多いので、できるだけ細かく書いておくようにしましょう。

❖ 有価証券の内容と口座の記録

銘　　柄	
株　式　数	名　義　人
証券番号など	取　得　金　額
証 券 会 社 名	口座番号など
Web用ID	
備考	

銘　　柄	
株　式　数	名　義　人
証券番号など	取　得　金　額
証 券 会 社 名	口座番号など
Web用ID	
備考	

銘　　柄	
株　式　数	名　義　人
証券番号など	取　得　金　額
証 券 会 社 名	口座番号など
Web用ID	
備考	

銘　　柄	
株　式　数	名　義　人
証券番号など	取　得　金　額
証 券 会 社 名	口座番号など
Web用ID	
備考	

そのほかの金融資産について

記入日　　年　　月　　日

有価証券以外の金融資産について記入するページです。勤務先の持ち株会などに加入している場合はその内容も記録しておきましょう。

❖ そのほかの金融資産（純金積立・プラチナ積立・ゴルフ会員権など）の記録

名称・銘柄・内容	名義人	証券会社・金融機関・取扱会社	連絡先・備考

❖ 貴金属・美術品・宝飾品などの記録

名称・内容	入手金額	保管場所など	備考

❖ 貸し金庫・レンタル倉庫・トランクルームなどの記録

契約会社名	電話番号	住所	内容・保管しているものなど

第1章　自分自身に関すること

不動産（土地・建物）について

記入日　　年　　月　　日

自分の所有する不動産について記入するページです。一戸建ての場合は土地と建物を別々に記入し、登記簿の記載内容はなるべく書いておきましょう。

❖ 不動産の内容・記録

種　類	☐ 土地　☐ 建物　☐ マンション・アパート　☐ 田畑　☐ そのほか
不動産の用途	
名　義　人 （共有者含む）	名義人の住所（→P　）　名義人の住所（→P　）　名義人の住所（→P　）　持ち分
所在地・地番など	
登記簿記載内容	抵当権　☐設定なし　☐設定あり　　　　　面　積 備考（相続税評価額など）
（　　　）年の固定資産額の評価額　　　　　円	

種　類	☐ 土地　☐ 建物　☐ マンション・アパート　☐ 田畑　☐ そのほか
不動産の用途	
名　義　人 （共有者含む）	名義人の住所（→P　）　名義人の住所（→P　）　名義人の住所（→P　）　持ち分
所在地・地番など	
登記簿記載内容	抵当権　☐設定なし　☐設定あり　　　　　面　積 備考（相続税評価額など）
（　　　）年の固定資産額の評価額　　　　　円	

種　類	☐ 土地　☐ 建物　☐ マンション・アパート　☐ 田畑　☐ そのほか
不動産の用途	
名　義　人 （共有者含む）	名義人の住所（→P　）　名義人の住所（→P　）　名義人の住所（→P　）　持ち分
所在地・地番など	
登記簿記載内容	抵当権　☐設定なし　☐設定あり　　　　　面　積 備考（相続税評価額など）
（　　　）年の固定資産額の評価額　　　　　円	

年金について

記入日　　年　　月　　日

自分の公的・私的年金を記録するページです。申請や死亡時連絡は、公的年金だけでなく私的年金も忘れずに行いましょう。個人年金保険は保険のページ（→P16）に記入します。

❖ 公的年金の記録

※成人以降の履歴（→P7）が参考になります

受給者名	
基礎年金番号	
加入したことのある年金の種類	☐ 国民年金　☐ 厚生年金　☐ 共済年金　☐ そのほか（　　　）
支給開始（予定）	年　　月　　日
年金証書番号	（年金をもらっている人は記入）
支給日	毎月の支給金額

備考（最寄りの年金事務所など）

❖ 私的年金（企業年金・個人年金など）の記録

名称	連絡先	備考

メモ

第1章　自分自身に関すること

保険について

記入日　　年　　月　　日

生命保険、医療保険、個人年金保険、火災保険、自動車保険、学資保険など、契約しているさまざまな保険について、ここにまとめて記録しておきましょう。

❖ 生命保険・共済／傷害保険・共済の記録

保険会社名			保険・共済の種類		
被保険者名		契約者名		記号	
証券番号			契約日		
死亡保険金			満期日		
満期保険金受取人名			特約（入院保障ほか）		
死亡保険金受取人名			手続きの連絡先・担当者		
備考					

保険会社名			保険・共済の種類		
被保険者名		契約者名		記号	
証券番号			契約日		
死亡保険金			満期日		
満期保険金受取人名			特約（入院保障ほか）		
死亡保険金受取人名			手続きの連絡先・担当者		
備考					

❖ そのほかの保険の記録

保険会社名	保険の内容	主な請求時	契約者名	被保険者など	保険金受取人

記入日　　年　　月　　日

火災保険の保険金受取人は、物件の登記上の所有者になります。また、火災保険に地震保険を付帯させている場合なども忘れず記入しておきましょう。

❖ 火災保険・共済の記録

保険会社名	
保険・共済の種類・各種特約など	
証券番号	契約日
契約者名	保険金受取人
保険期間	保険料
手続きの連絡先・担当者	
備考	

❖ 自動車保険・共済の記録

保険会社名	
保険・共済の種類	□ 自賠責　□ 任意
証券番号	車名
保険金受取人	登録番号
保険期間	車体番号
手続きの連絡先・担当者	
備考	

証券番号	保険期間	保険料	連絡先・担当者	備考

第1章　自分自身に関すること

クレジットカード・電子マネーなどについて

記入日　　　年　　月　　日

所有するクレジットカードの紛失時の連絡先などを記録するページです。不正使用防止のため、カード番号、有効期限はいずれか、もしくは一部を記入するようにしてください。

❖ 各種クレジットカードの記録

カード名称	クレジットブランド	カード番号
		― ― ―
有効期限	紛失時の連絡先	Web用ID
備考		

カード名称	クレジットブランド	カード番号
		― ― ―
有効期限	紛失時の連絡先	Web用ID
備考		

カード名称	クレジットブランド	カード番号
		― ― ―
有効期限	紛失時の連絡先	Web用ID
備考		

カード名称	クレジットブランド	カード番号
		― ― ―
有効期限	紛失時の連絡先	Web用ID
備考		

カード名称	クレジットブランド	カード番号
		― ― ―
有効期限	紛失時の連絡先	Web用ID
備考		

記入日　　年　　月　　日

ポイントカードは、カードによっては紛失後すぐに連絡すれば残額を取り戻せる場合もあります。また、記録することの少ないWebサイトのIDもここにまとめておきましょう。

❖ 電子マネー・ポイントカードの記録

カード名	番　号	紛失時の連絡先

❖ WebサイトのIDの記録

利用サイト名		メールアドレス	
ID		備考	

利用サイト名		メールアドレス	
ID		備考	

利用サイト名		メールアドレス	
ID		備考	

利用サイト名		メールアドレス	
ID		備考	

第1章　自分自身に関すること

ローン・借入金について

記入日　　年　　月　　日

借入金や、知人の借金の保証人になった場合の保証債務も、相続の対象となります（→P23）。遺された人々のトラブル回避のためにもきちんと記入しておきましょう。

❖ 住宅ローンの記録

借入先		連絡先	
借入金額		借入残高	
返済期限			

備考

❖ そのほかのローン（教育・自動車など）の記録

借入先		連絡先	
借入日	年　　月　　日	借入金額	
返済方法		利息	
借入残高		返済期限	

備考

借入先		連絡先	
借入日	年　　月　　日	借入金額	
返済方法		利息	
借入残高		返済期限	

備考

❖ 保証債務（借金の保証人など）

保証した日	年　　月　　日	保証した金額	
主債務者		連絡先	
債権者		連絡先	

備考

貸付金について

記入日　　年　　月　　日

貸付金について記入するページです。備考欄には貸付理由・利息・返済期限などを書いておきましょう。なお、貸付金は相続財産であり、相続税の対象となります。

❖ 貸付金などの記録

貸 付 先		連 絡 先	
貸 付 日	年　　月　　日	貸付金額	
返済方法			
証　　書	☐ 有（保管場所：　　　　　　　　　　） ☐ 無		
返済状況など	残額　　　　　円（　　年　　月　　日現在）		
備考			

貸 付 先		連 絡 先	
貸 付 日	年　　月　　日	貸付金額	
返済方法			
証　　書	☐ 有（保管場所：　　　　　　　　　　） ☐ 無		
返済状況など	残額　　　　　円（　　年　　月　　日現在）		
備考			

そのほかの資産・負債などの記録

携帯電話・パソコンについて

記入日　　年　　月　　日

携帯電話やパソコンには、人に見られたくない個人情報なども入っています。備考欄には「もしものとき」のデジタルデータ削除に関する希望なども記入しておきましょう。

❖ 携帯電話の情報

契約会社	
携帯電話番号	
名義人	
携帯メールアドレス	
紛失時・契約終了時などの連絡先	
料金プランなど	

備考

❖ パソコンの情報

メーカー・型番など	ユーザー名／パスワード	サポートセンターなどの連絡先

プロバイダ名	プロバイダの連絡先

メールアドレス	備考

備考

もしものとき のために知っておきたい コラム1

資産・負債の把握と管理

資産や負債について詳細を書いておくのは面倒だと思われる方もいるかもしれません。
その場合は、主な情報と書類の保管場所だけでも本書に記入しておくか、家族などに伝えておきましょう。
「もしものとき」には自分と家族のためにきっと役立ってくれるはずです。

確認することで今後の人生を再考

自分の資産について今一度確認してみるという作業は、今後の人生をどう送っていきたいかを考える上でも有意義なことです。生活するのに最低限必要なお金、人生を楽しむためのお金、「もしものとき」の費用となるお金、周囲の人々に遺すためのお金、予備のお金等、できるだけ目的別にお金についての現状を把握しておくことは、見落としていたことに気づく機会になるでしょう。また、それに対処しておくことは遺された人々への思いやりでもあります。

たとえば、故人名義の預貯金は死後一時凍結され、相続人全員の同意がないとお金が引き出せません（2018年7月の民法改正により、葬儀費用などのための「預貯金仮払い制度」が設けられました。施行日は未定）。通帳の名義を夫婦のいずれかにまとめていたりすると、名義人に先立たれたために預金をおろすことができず、葬儀費用や生活費に苦労する場合もあるので注意しましょう。

"負の財産"も忘れずに

相続では、財産のみならず、借金やカードローンなどの債務も"マイナスの財産"としてその対象になります。遺された人々には財産同様、負債の内容についても本書や遺言書などで伝えておきましょう。

負債の相続の承認・放棄には「単純相続」「相続放棄」のほか、相続した財産の範囲内で借金を支払う「限定承認」を選ぶことができます。「相続放棄」「限定承認」については、原則として相続人が相続人であることを知った日から三カ月以内に申請する必要があります。

自ら財産管理が困難になったら

認知症などで判断能力が衰えたり、脳梗塞の後遺症で寝たきりになるなど、自分で財産管理をするのが困難になることに不安を抱いている人も多いでしょう。その場合は、あらかじめ信頼できる人や弁護士などに生活設計や財産管理を委任しておくことをおすすめします。代表的なものが、成年後見制度＊1による「任意後見契約＊2」（判断能力が不十分な人が対象）、後見人や代理人との「財産管理等の委任契約＊3」ですが、慎重を期して後見人や代理人選びをしても、管理の内容等でその後親族とトラブルになることも少なくありません。第三者への依頼は、親族に承認を得ておくことも大切です。

＊1　成年後見制度
認知症や知的障害、精神障害などの理由で判断力が不十分な人を法的に保護・支援するための制度。本人に代わり、成年後見人が財産管理や福祉サービスの契約などを行う。判断能力が低下してから本人や家族、市区町村長などの申し立てによって家庭裁判所が選ぶ「法定後見制度」と、判断能力が低下したときに備えて本人が選んでおく「任意後見契約＊2」がある。
[問い合わせ先] 公益社団法人 成年後見センター リーガルサポート
http://www.legal-support.or.jp/
TEL03-3359-0541（本部）

＊2　任意後見契約
成年後見制度のなかでもあらかじめ依頼しておく契約で、契約に際しては公正証書＊4が必要。認知症など「判断能力の不十分な人」が対象なので、身体能力を失っただけの場合は対象外。また、後見の内容には葬儀など死後の事務手続きは含まれない。

＊3　財産管理等の委任契約
高齢や病気で財産管理が困難な人が、第三者の専門家などに代理で預貯金の引き出しなどの事務手続きを委任する契約を結ぶこと。契約書は公正証書＊4にすることもできる。任意後見契約＊2、公正証書遺言＊5と併せて作成しておくと心強い。

＊4　公正証書
実務経験豊かな法律の専門家「公証人」が、公証人法や民法などに従って作成する公文書。公証業務を行う事務所である「公証役場」で任意後見契約を結ぶと、公証人が法務局に登記する。「公証役場」は全国に約三〇〇あり、相談は無料。

＊5　公正証書遺言
手間と費用がかかるが、「公証人」らにより厳密な手続きを踏んで作成され、原本は「公証役場」に保管されるので遺言が無効になる恐れが少ない。高額な財産を有する人、確実に遺言を実行したい人、第三者への財産相続を望む人、子供の認知・推定相続人の廃除をしたい人、身体的な問題により自分で文字が書けない人など向け。

家族について

記入日　　年　　月　　日

家族の基本情報を記入するページです。ほかに住所録がある場合はその所在を書く、パソコン等でデータ管理している場合はプリントアウトを貼りつける、などしてもかまいません。

❖ 個々人の情報

フリガナ		生年月日	年　月　日
名　前		続柄　　　血液型	
住　所	〒		
電　話		FAX　　　勤務先名・学校名	
携帯電話		メールアドレス	
入院時連絡	□する　□判断は任せる　□連絡は不要		
「もしものとき」の連絡	□危篤時　□通夜・葬儀時　□死亡通知のみ　□判断は任せる　□連絡は不要		
メッセージ	□本書に書き残している（→P　　）　□書き残していない		
備考			

フリガナ		生年月日	年　月　日
名　前		続柄　　　血液型	
住　所	〒		
電　話		FAX　　　勤務先名・学校名	
携帯電話		メールアドレス	
入院時連絡	□する　□判断は任せる　□連絡は不要		
「もしものとき」の連絡	□危篤時　□通夜・葬儀時　□死亡通知のみ　□判断は任せる　□連絡は不要		
メッセージ	□本書に書き残している（→P　　）　□書き残していない		
備考			

フリガナ		生年月日	年　月　日
名　前		続柄　　　血液型	
住　所	〒		
電　話		FAX　　　勤務先名・学校名	
携帯電話		メールアドレス	
入院時連絡	□する　□判断は任せる　□連絡は不要		
「もしものとき」の連絡	□危篤時　□通夜・葬儀時　□死亡通知のみ　□判断は任せる　□連絡は不要		
メッセージ	□本書に書き残している（→P　　）　□書き残していない		
備考			

記入日　　年　　月　　日

家族のパートナーや子供の名前や連絡先、生年月日などを備考欄に記入しておくと便利です。
書き切れない場合は別紙を貼りつけるなどしてください。

第1章　自分自身に関すること

フリガナ 名　　前		生年月日	年　　月　　日
		続柄	血液型

住　　所	〒
電　　話	FAX　　　　　勤務先名・学校名
携帯電話	メールアドレス
入院時連絡	□ する　□ 判断は任せる　□ 連絡は不要
「もしものとき」の連絡	□危篤時　□通夜・葬儀時　□死亡通知のみ　□判断は任せる　□連絡は不要
メッセージ	□ 本書に書き残している（→ P　　　）　□ 書き残していない
備考	

フリガナ 名　　前		生年月日	年　　月　　日
		続柄	血液型

住　　所	〒
電　　話	FAX　　　　　勤務先名・学校名
携帯電話	メールアドレス
入院時連絡	□ する　□ 判断は任せる　□ 連絡は不要
「もしものとき」の連絡	□危篤時　□通夜・葬儀時　□死亡通知のみ　□判断は任せる　□連絡は不要
メッセージ	□ 本書に書き残している（→ P　　　）　□ 書き残していない
備考	

フリガナ 名　　前		生年月日	年　　月　　日
		続柄	血液型

住　　所	〒
電　　話	FAX　　　　　勤務先名・学校名
携帯電話	メールアドレス
入院時連絡	□ する　□ 判断は任せる　□ 連絡は不要
「もしものとき」の連絡	□危篤時　□通夜・葬儀時　□死亡通知のみ　□判断は任せる　□連絡は不要
メッセージ	□ 本書に書き残している（→ P　　　）　□ 書き残していない
備考	

家について

記入日　　年　　月　　日

家系図は何代もさかのぼって書く必要はありませんが、自分の法定相続人（→P48）は最低限記入し、名前が不明の場合も、その存在がわかるように印などをつけておきましょう。

❖ 家系図

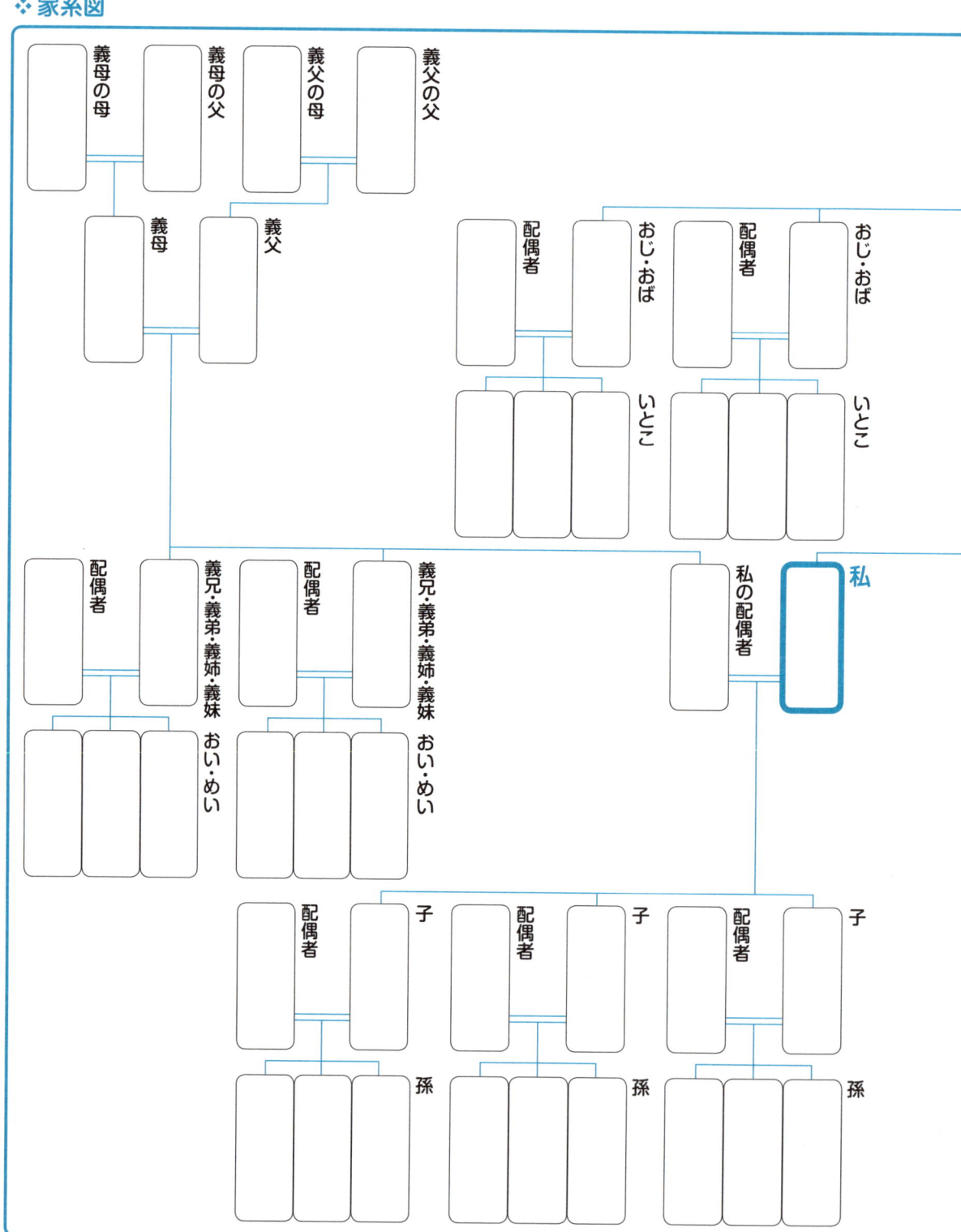

記入日　　年　　月　　日

第1章 自分自身に関すること

前婚での子や認知した子、養子がいる場合など、伝えておきたいことはメモ欄に記入しておきましょう。家紋は変形パターンも多いのでコピーを貼っておくとより確実です。

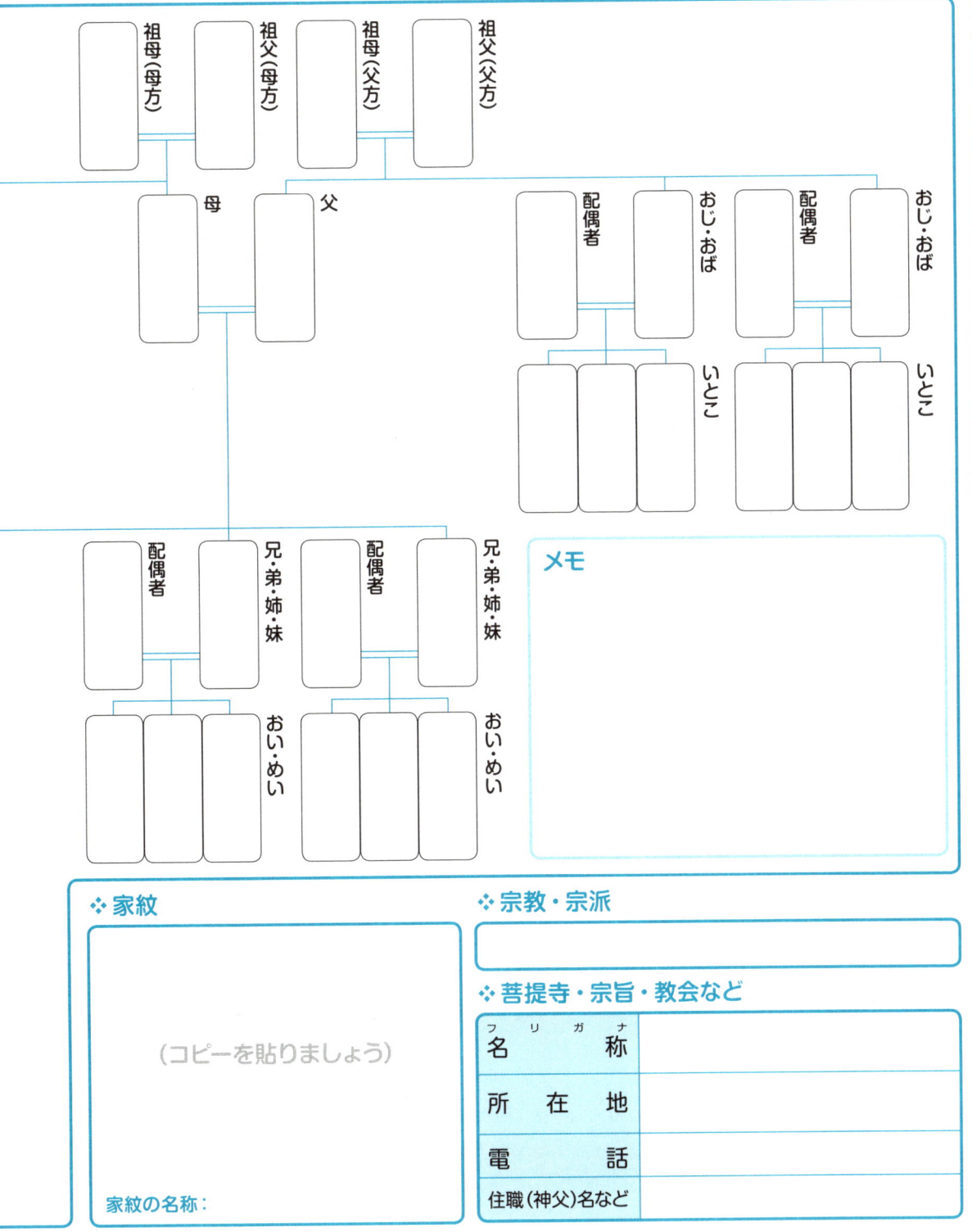

親族について

記入日　　年　　月　　日

親族について記入するページです。備考欄にはその人のパートナーや子供の名前、連絡先、生年月日、また冠婚葬祭などについて書いておくと便利です。

❖ 個々人の情報

フリガナ 名　　前		続　柄		呼び名や愛称	
住　　所	〒	電　話		携帯電話	
入院時連絡	☐ する　☐ 判断は任せる　☐ 連絡は不要				
「もしものとき」の連絡	☐ 危篤時　☐ 通夜・葬儀時　☐ 死亡通知のみ　☐ 判断は任せる　☐ 連絡は不要				
メッセージ	☐ 本書に書き残している（→ P　　　）　☐ 書き残していない				
備考					

フリガナ 名　　前		続　柄		呼び名や愛称	
住　　所	〒	電　話		携帯電話	
入院時連絡	☐ する　☐ 判断は任せる　☐ 連絡は不要				
「もしものとき」の連絡	☐ 危篤時　☐ 通夜・葬儀時　☐ 死亡通知のみ　☐ 判断は任せる　☐ 連絡は不要				
メッセージ	☐ 本書に書き残している（→ P　　　）　☐ 書き残していない				
備考					

フリガナ 名　　前		続　柄		呼び名や愛称	
住　　所	〒	電　話		携帯電話	
入院時連絡	☐ する　☐ 判断は任せる　☐ 連絡は不要				
「もしものとき」の連絡	☐ 危篤時　☐ 通夜・葬儀時　☐ 死亡通知のみ　☐ 判断は任せる　☐ 連絡は不要				
メッセージ	☐ 本書に書き残している（→ P　　　）　☐ 書き残していない				
備考					

フリガナ 名　　前		続　柄		呼び名や愛称	
住　　所	〒	電　話		携帯電話	
入院時連絡	☐ する　☐ 判断は任せる　☐ 連絡は不要				
「もしものとき」の連絡	☐ 危篤時　☐ 通夜・葬儀時　☐ 死亡通知のみ　☐ 判断は任せる　☐ 連絡は不要				
メッセージ	☐ 本書に書き残している（→ P　　　）　☐ 書き残していない				
備考					

フリガナ 名　　前		続　柄		呼び名や愛称	
住　　所	〒	電　話		携帯電話	
入院時連絡	☐ する　☐ 判断は任せる　☐ 連絡は不要				
「もしものとき」の連絡	☐ 危篤時　☐ 通夜・葬儀時　☐ 死亡通知のみ　☐ 判断は任せる　☐ 連絡は不要				
メッセージ	☐ 本書に書き残している（→ P　　　）　☐ 書き残していない				
備考					

記入日　　年　　月　　日

親族は愛称で呼んでいる場合も多いもの。ここではフルネームをきちんと書いておきましょう。近しい親族の命日は記しておくと法要を行う年などの参考になります。

フリガナ 名　　前		続　柄		呼び名や愛称	
住　　所	〒	電　話		携帯電話	
入院時連絡	□ する　　□ 判断は任せる　　□ 連絡は不要					
「もしものとき」の連絡	□危篤時　□通夜・葬儀時　□死亡通知のみ　□判断は任せる　□連絡は不要					
メッセージ	□ 本書に書き残している（→ P　　　　）　□ 書き残していない					
備考					

フリガナ 名　　前		続　柄		呼び名や愛称	
住　　所	〒	電　話		携帯電話	
入院時連絡	□ する　　□ 判断は任せる　　□ 連絡は不要					
「もしものとき」の連絡	□危篤時　□通夜・葬儀時　□死亡通知のみ　□判断は任せる　□連絡は不要					
メッセージ	□ 本書に書き残している（→ P　　　　）　□ 書き残していない					
備考					

フリガナ 名　　前		続　柄		呼び名や愛称	
住　　所	〒	電　話		携帯電話	
入院時連絡	□ する　　□ 判断は任せる　　□ 連絡は不要					
「もしものとき」の連絡	□危篤時　□通夜・葬儀時　□死亡通知のみ　□判断は任せる　□連絡は不要					
メッセージ	□ 本書に書き残している（→ P　　　　）　□ 書き残していない					
備考					

メモ

❖ 親族の命日

フリガナ 名　前	続　柄	命　日	年　　月　　日（享年　　歳）
フリガナ 名　前	続　柄	命　日	年　　月　　日（享年　　歳）
フリガナ 名　前	続　柄	命　日	年　　月　　日（享年　　歳）
フリガナ 名　前	続　柄	命　日	年　　月　　日（享年　　歳）
フリガナ 名　前	続　柄	命　日	年　　月　　日（享年　　歳）
フリガナ 名　前	続　柄	命　日	年　　月　　日（享年　　歳）
フリガナ 名　前	続　柄	命　日	年　　月　　日（享年　　歳）

第1章　自分自身に関すること

友人・知人について

記入日　　年　　月　　日

大切な友人や重要な知人について、家族にもわかるようにフルネームで記入しましょう。別に住所録のデータを作成している場合はその所在を明記しておくことをおすすめします。

❖ 個々人の情報

フリガナ 名　前		生年月日	年　　月　　日
		関係	呼び名や アドレス帳登録名
住　所	〒		
電　話		FAX	勤務先名・学校名
携帯電話		メールアドレス	
「もしものとき」の連絡	□危篤時　□通夜・葬儀時　□死亡通知のみ　□判断は任せる　□連絡は不要		
メッセージ	□本書に書き残している（→P　　　）　□書き残していない		

フリガナ 名　前		生年月日	年　　月　　日
		関係	呼び名や アドレス帳登録名
住　所	〒		
電　話		FAX	勤務先名・学校名
携帯電話		メールアドレス	
「もしものとき」の連絡	□危篤時　□通夜・葬儀時　□死亡通知のみ　□判断は任せる　□連絡は不要		
メッセージ	□本書に書き残している（→P　　　）　□書き残していない		

フリガナ 名　前		生年月日	年　　月　　日
		関係	呼び名や アドレス帳登録名
住　所	〒		
電　話		FAX	勤務先名・学校名
携帯電話		メールアドレス	
「もしものとき」の連絡	□危篤時　□通夜・葬儀時　□死亡通知のみ　□判断は任せる　□連絡は不要		
メッセージ	□本書に書き残している（→P　　　）　□書き残していない		

フリガナ 名　前		生年月日	年　　月　　日
		関係	呼び名や アドレス帳登録名
住　所	〒		
電　話		FAX	勤務先名・学校名
携帯電話		メールアドレス	
「もしものとき」の連絡	□危篤時　□通夜・葬儀時　□死亡通知のみ　□判断は任せる　□連絡は不要		
メッセージ	□本書に書き残している（→P　　　）　□書き残していない		

記入日　　年　　月　　日

年賀状送付用に作成した連絡先データには「どんな関係か」等の情報はない場合も多いはず。
ここにあらためて書くか、データに追加しておくなどしましょう。

第1章　自分自身に関すること

フリガナ 名　前		生年月日	年　月　日
		関　係	呼び名や アドレス帳登録名

住　所	〒
電　話		FAX	
携帯電話		メール アドレス	

フリガナ 名　前		生年月日	年　月　日
		関　係	呼び名や アドレス帳登録名

住　所	〒
電　話		FAX	
携帯電話		メール アドレス	

フリガナ 名　前		生年月日	年　月　日
		関　係	呼び名や アドレス帳登録名

住　所	〒
電　話		FAX	
携帯電話		メール アドレス	

フリガナ 名　前		生年月日	年　月　日
		関　係	呼び名や アドレス帳登録名

住　所	〒
電　話		FAX	
携帯電話		メール アドレス	

フリガナ 名　前		生年月日	年　月　日
		関　係	呼び名や アドレス帳登録名

住　所	〒
電　話		FAX	
携帯電話		メール アドレス	

フリガナ 名　前		生年月日	年　月　日
		関　係	呼び名や アドレス帳登録名

住　所	〒
電　話		FAX	
携帯電話		メール アドレス	

所属団体（グループ）について　　記入日　　年　　月　　日

習い事教室・参加サークル・同窓会等、所属する団体について記入するページです。備考欄には「もしものとき」に知らせてほしいタイミングなどを書いておきましょう。

❖ 各団体（グループ）の情報

名　　称	
代 表 者 名	〒
所 在 地	
電　　話	FAX
メールアドレス	
備考	

名　　称	
代 表 者 名	〒
所 在 地	
電　　話	FAX
メールアドレス	
備考	

名　　称	
代 表 者 名	〒
所 在 地	
電　　話	FAX
メールアドレス	
備考	

メモ

第 2 章
自分の「もしものとき」のこと

思い出の1枚を貼りましょう

撮影日：　　　　　　　　場所：

介護・看護について

記入日　　年　　月　　日

認知症やそのほかの病気などによって自ら判断する能力を失ったり、コミュニケーション能力が低下したときの自分の介護・看護について、考えや希望を記入するページです。

❖ 自分以外の判断を必要とする場合、意見を尊重してほしい人
名前：　　　　　　　　　　　　　　　　　　　　　　この人の情報は（→ P　　）

連絡先：

❖ 入院したときに看病をお願いしたい人
☐ 配偶者　　　　　　　　　　　　　　　　　　　　この人の情報は（→ P　　）

☐ 子供　名前：　　　　　　　　　　　　　　　　　この人の情報は（→ P　　）

☐ そのほかの人　名前：　　　　　　　　　　　　　この人の情報は（→ P　　）

☐ 家族・親族の判断に任せる

❖ 必要になったときに介護をお願いしたい人
☐ 配偶者　　　　　　　　　　　　　　　　　　　　この人の情報は（→ P　　）

☐ 子供　名前：　　　　　　　　　　　　　　　　　この人の情報は（→ P　　）

☐ そのほかの人　名前：　　　　　　　　　　　　　この人の情報は（→ P　　）

☐ プロのヘルパーや介護サービスを利用したい

☐ 家族・親族の判断に任せる

❖ 寝たきり状態になったとき
☐ 自宅で、介護は家族にお願いしたい（介護保険によるサービスも適宜利用）

☐ 自宅で、プロのヘルパーなどに手伝ってもらいながら家族と過ごしたい

☐ 介護施設や病院に入れてほしい　利用したい施設名（場所）：　　（　　　　　　　　）

☐ 家族・親族の判断に任せる

❖ 介護してくれる人に伝えたいこと（複数選択可）
☐ 私の希望は上記の通りですが、決して無理はせず、負担がかかりすぎないようにしてください

☐ つらくなったり体調を崩したりしたら、遠慮せずプロの手を借りてください

☐ あなたの健康と幸せを最優先に考えてください

☐ そのほか

記入日　　年　　月　　日

介護や看護をされることになったとき、どうしてもらいたいか希望をできるだけ伝えておくことは、自分だけでなく家族や介護・看護をしてくれる人のためにも役立ちます。

❖ 介護や医療にかかる費用

☐ 預貯金や年金など自分の財産から使ってほしい

☐ 加入している保険がある
　保険会社名：　　　　　保険名：　　　　　連絡先：

☐ 家族で工面してほしい　お願いしたい人の名前：

☐ 家族・親族の判断に任せる

❖ 自分で判断が難しくなったときの財産管理

☐ 家族に任せたい　　名前：　　　　　間柄：　　　　この人の情報は（→P　　）

☐ 特定の人に依頼済み　名前：　　　　　間柄：　　　　この人の情報は（→P　　）
　　　　　　　　　　　委任契約 ☐有　☐無 ／ 委任後見契約 ☐有　☐無

☐ 特定の人に任せたいが、まだ頼んでいない
　名前：　　　　　　　　　　　間柄：　　　　この人の情報は（→P　　）

☐ 特に考えていない

❖ 介護・看護に関する要望

●食べ物のこと
アレルギーがあって食べられない食材が　☐ 有（→P8）　☐ 無
苦手で食べられない食材・メニュー：
好きなメニュー：
好きなおやつ：
好きな味付け：☐濃い　☐薄い　☐甘い　☐辛い　☐そのほか（　　　　　　　　　　　）

●身の回りのこと
ずっと手元に置いておきたいもの：
できれば手元に置いておきたいもの：
苦手なにおい：

●服装のこと
好きなファッション：
好きなヘアスタイル：
苦手なファッション：

●生きもの・花などのこと
好きなもの：
苦手なもの：

特に記しておきたいこと（そのほかの要望など）

告知・終末医療について

記入日　　年　　月　　日

当人の希望がわからないと、病名や余命の告知から意識がなくなった場合の延命治療まで、非常に難しい判断が家族に委ねられることに。結果、大きな負担を強いることになります。

❖ 自分以外の判断を必要とする場合、意見を尊重してほしい人

名前：　　　　　　　　　　　　　　　　　　　　この人の情報は（→ P　　）

連絡先：

❖ 病名・病状（余命）告知

☐ 病名も病状も教えないでほしい

☐ 病名のみ教えてほしい

☐ 余命が（　　　　）カ月以上であれば、病名・余命ともに教えてほしい

☐ 病名も病状も教えてほしい

❖ 病名・病状（余命）を知っておいてほしい人

☐ 家族全員に

☐ 特定の家族に

☐ 友人・知人に

☐ そのほかの人に

❖ 余命数カ月と言われたときの要望

特に記しておきたいこと（そのほかの要望など）

記入日　　　年　　　月　　　日

家族など周囲の人の負担を軽減するためにも、自分の考えを記入しておきましょう。それについて普段から一緒に話し合っておくこともとても大切なことです。

❖ 終末医療とその後に関する要望

●ホスピス（→P39）のこと
☐ もしもの場合、ホスピスに入れてほしい
　希望の施設名：　　　　　　　連絡先：　　　　　　　費用の手当：
　要望など（　　　　　　　　　　　　　　　　　　　　　　　　　　）
☐ ホスピスには入りたくない
☐ 特に考えていない

●延命治療（→P39）のこと
☐ 最後まで、できる限りの延命治療をしてほしい
☐ 苦痛緩和治療は希望するが、延命のみの治療は不要
☐ 家族の判断によって延命治療を打ち切ってもかまわない
☐ 無駄な延命治療はせず、尊厳死を希望する
☐ 尊厳死公正証書を作成している　保管場所：
☐ 尊厳死の宣言書（リビング・ウィル）を作成している　コピー保管場所：

●臓器提供・献体（→P39）のこと
☐ 臓器提供意思表示カードを持っている　カードの携帯・保管場所：
☐ 角膜提供のためのアイバンクに登録している　登録証の携帯・保管場所：
☐ そのほかの臓器提供のための団体に登録している
　登録団体：　　　　　　　　　　　　連絡先：
☐ 家族の承諾のみで提供できる移植に関しては、家族の判断に任せる
☐ 献体に登録している
　登録団体：　　　　　　連絡先：　　　　　　登録証の保管場所：
☐ 上記のどれも希望しない

●遺体衛生保全処置（エンバーミング）（→P39）のこと
☐ 希望する
☐ 希望しない
☐ 家族・親族の判断に任せる

特に記しておきたいこと（そのほかの要望など）

第2章　自分の「もしものとき」のこと

37

ペットについて

記入日　　年　　月　　日

ペットは大切な家族の一員です。自分で世話ができなくなる「もしものとき」を想定して、ここにはペットに関する情報を記入しておきましょう。

❖ ペットの情報

名　　前	性別：	性別：
生 年 月 日	年　　月　　日	年　　月　　日
生 物 名 種 類	イヌ・ネコ・鳥・魚・ そのほか（　　　　　）	イヌ・ネコ・鳥・魚・ そのほか（　　　　　）
血　統　書	☐ 有　保管場所： ☐ 無	☐ 有　保管場所： ☐ 無
登 録 番 号		
いつものエサ		
好きなエサ		
嫌いなエサ		
病気・ケガなど		
避妊・去勢手術	☐ 有　　☐ 無	☐ 有　　☐ 無
飼 育 場 所		
性　　格		
かかりつけの 動物病院名（連絡先）		
予防接種 (狂犬病接種番号、接種時期など)		
加入しているペット保険 保険会社名（連絡先）		
保険内容 （請求方法など）		
自分の「もしものとき」は	☐ 家族・親族の判断に任せる ☐ 特定の人に託したい 　　　　　この人の情報（→P　　）	☐ 家族・親族の判断に任せる ☐ 特定の人に託したい 　　　　　この人の情報（→P　　）

特に記しておきたいこと（そのほかの要望など）

コラム 2 もしものときのために知っておきたい

介護や看護、告知・終末医療

ある日突然、病気や事故による後遺症などで介護や看護が必要になったり、命を落としてしまったり——
ここでは誰の身にも起こり得るそんな「もしものとき」のために本書に書き込んでおきたい、
介護や終末医療にまつわるさまざまな事柄について見ていきましょう。

介護はまず公的サービスを確認

もし家族や自分が突然の病気などで介護が必要になった場合は、まず市区町村の役所の福祉窓口で相談を。とりあえず必要な手続きについての説明、地域包括支援センターの利用法など、その自治体で提供しているサービスや補助に関する情報を得ることができます。不安な点、不明点なども質問しておくといいでしょう。

なお、介護保険*1は、介護サービスが必要になった人が、認定を受けて少ない負担額で総合的なサービスを利用できるようになるためのものです。介護対象年齢の人やその家族は、地域の社会福祉協議会や役所で入手できる手引き書などで内容や利用手続きをあらかじめ知っておくことが大事です。

介護にかかる実際の負担金額は、どの程度の介護が必要か、在宅で行うか施設に入るか、介護保険の給付の有無などで、大きく変わり、介護の程度、保険の有無によっては大きな負担となることもあります。また、保険会社の介護保険や生命保険の介護特約などは契約により適用基準や給付金額がかなり異なります。保険内容を確認して見直すなどして備えておきたいものです。

個人差が大きい「もしものとき」のこと

病名・病状（余命）告知や終末医療に対する要望は、各人の性格や人生観、精神力によるところが大きく、年齢や健康状態によって変わることもあります。ホスピス*2を利用するか、延命治療*3を施すかどうかなど、じっくり考えて本書に自分の意思を記し（→P36）、定期的に読み直してみてください。のみならず、日頃からできるだけ家族など周りにいる人々と話し合っておきましょう。同じく、尊厳死*4、臓器・眼球提供*6、献体*7、遺体衛生保全処置（エンバーミング）*8などについても、日頃から周囲と話しておくことをおすすめします。

*1 **介護保険**
40歳以上が対象で、40～64歳は給付対象となる疾病が限定される。申請は、介護保険被保険者証を持参して、本人または家族が市区町村の高齢者福祉窓口で行う（自分の住む地域の地域包括支援センターに申請の代行を依頼することも可能）。

*2 **ホスピス**
死期の近い患者に対し、個々人に合わせたケアを提供、人生の最期を安らかに過ごせるよう援助するプログラム。
[問い合わせ先] NPO法人 日本ホスピス緩和ケア協会
TEL0465-80-1381 http://www.hpcj.org/

*3 **延命治療**
不治の病で末期状態になり、治療による回復の可能性がなくなった場合でも、死期を遅らせることを目的に行う治療。

*4 **尊厳死**
患者自らの意思で延命治療を拒否すること。「安楽死」とは異なる。意思の表明方法としては、尊厳死宣言公正証書（公正証書→P23参照）にしておく、日本尊厳死協会などに尊厳死の宣言書*5を委託する、といった方法がある。

*5 **尊厳死の宣言書（リビング・ウイル）**
日本尊厳死協会の会員になり、宣言書に署名して協会に預ける。会員と家族用に渡される宣言書のコピーを必要に応じて医師に提示し、尊厳死の意思を伝える。
[問い合わせ先] 一般社団法人 日本尊厳死協会
TEL03-3818-6563
http://www.songenshi-kyokai.com/

*6 **臓器・眼球提供**
脳死・心臓死の際の臓器提供の意思表示は、「臓器提供意思表示カード」や健康保険証、2010年秋以降に発行された運転免許証の裏面の意思表示欄に所定事項を記入・署名し、携行することで行う。記入した意思はいつでも変更でき、提供する臓器も選択できる。意思登録は日本臓器移植ネットワークのウェブサイトからも可能。眼球（角膜）のみの提供を意思表示する献眼登録はアイバンクでも行える。
[問い合わせ先] 社団法人 日本臓器移植ネットワーク
http://www.jotnw.or.jp/
0120-78-1069（平日9:00～17:30）
[問い合わせ先] 公益財団法人 日本アイバンク協会
TEL03-3293-6616 http://www.j-eyebank.or.jp/

*7 **献体**
自分の遺体を医科または歯科大学の人体解剖実習や教育のために無条件・無報酬で提供すること。生前に大学や献体団体に登録する。その際は、本人の意思と家族の同意が必要。
[問い合わせ先] 財団法人 日本篤志献体協会
TEL03-3345-8498 http://www.kentai.or.jp/

*8 **遺体衛生保全処置（エンバーミング）**
遺体に洗浄・殺菌・防腐・顔の整え・修復（必要に応じて）などを行う処置。2週間程度は衛生的に遺体を保全することが可能となるので、故人とゆっくりお別れでき、遺族の気持ちをやわらげる効果があるとされる。
[問い合わせ先] 一般社団法人 日本遺体衛生保全協会（IFSA）
TEL0463-52-0544 http://www.embalming.jp/

葬儀について

記入日　　年　　月　　日

葬儀について、自分の考えや希望を記入するページです。「もしものとき」のことをまだ具体的に考えられないという人も、できるところから少しずつ書いてみましょう。

❖ 葬儀業者との生前契約・予約
- ☐ 契約している（支払い済み）
- ☐ 契約している（未払い）
- ☐ 予約している
- ☐ していない

❖ 葬儀業者
- ☐ 生前予約ですでに頼んである
  業者名：　　　　　　　　　連絡先：
- ☐ 希望の業者はあるが、まだ相談していない
  希望業者名：　　　　　　　連絡先：
- ☐ 家族・親族の判断に任せる

❖ 葬儀を行う宗教・宗派
- ☐ 下記の宗教・宗派を希望する
  名称：　　　　　　　　　　連絡先：
- ☐ 無宗教葬にしてほしい
- ☐ 家族・親族の判断に任せる

❖ 葬儀の場所
- ☐ 可能ならば自宅で
- ☐ 宗教施設で
- ☐ 葬儀施設で
- ☐ 具体的な希望場所　施設名：　　　　　　　連絡先：
- ☐ そのほか（　　　　　　　　　　　　　　　　　　　　　　　　）
- ☐ 家族・親族に任せる

❖ 形式
- ☐ 一般的な葬儀（お通夜→葬儀・告別式→火葬）
- ☐ 家族・親族のみ参加で密葬→火葬
- ☐ 家族・親族のみ参加で密葬→火葬→後日一般向けのお別れ会
- ☐ 行わないでほしい（無葬儀・直葬を希望する）
- ☐ そのほか（　　　　　　　　　　　　　　　　　　　　　　　　）
- ☐ 家族・親族に任せる

❖ 規模
- ☐ 世間並み、標準的なもの
- ☐ ごく質素に
- ☐ できるだけ豪華・盛大に
- ☐ しなくてもいい。する場合はなるべく質素に
- ☐ 家族・親族に任せる

記入日　　年　　月　　日

葬儀のスタイルは時代によりさまざまに変化しています。それぞれの項目についてじっくり検討しながら、自分の要望を組み込んだ案をまとめていきましょう。

❖ 費用
- ☐ 私の財産を使ってほしい
- ☐ 保険・共済や互助会の掛け金などで工面してほしい　請求・連絡先：
- ☐ 家族・親族で工面してほしい
- ☐ そのほか（　　　　　　　　　　　　　　　　　　　　　　　）
- ☐ 家族・親族の判断に任せる

❖ 喪主
- ☐ すでにお願いしてある　名前：　　　　　　　　　　　　この人の情報は（→ P　　）
- ☐ お願いしたい人はいるが、依頼はまだ　名前：　　　　この人の情報は（→ P　　）
- ☐ 家族・親族の判断に任せる

❖ 世話役（葬儀委員長）
- ☐ すでにお願いしてある　名前：　　　　　　　　　　　　この人の情報は（→ P　　）
- ☐ お願いしたい人はいるが、依頼はまだ　名前：　　　　この人の情報は（→ P　　）
- ☐ 家族・親族の判断に任せる

❖ 弔辞
- ☐ すでにお願いしてある　名前：　　　　　　　　　　　　この人の情報は（→ P　　）
- ☐ お願いしたい人はいるが、依頼はまだ　名前：　　　　この人の情報は（→ P　　）
- ☐ 弔辞は必要ない
- ☐ 家族・親族の判断に任せる

❖ 戒名（法名・法号）
- ☐ 標準的な戒名
- ☐ すでに用意してある　戒名：　　　　　　　　　連絡先：
- ☐ 戒名に入れてほしい文字がある　文字：
- ☐ 戒名のランクに要望がある　要望：
- ☐ 家族・親族の判断に任せる
- ☐ 戒名はいらない

❖ 遺影
- ☐ 遺影にしてほしい写真がある　保管場所：
- ☐ 遺影は飾らないでほしい
- ☐ 家族・親族の判断に任せる

❖ 死装束
- ☐ 身につけたいものがある　内容：　　　　　　保管場所：
- ☐ 家族・親族の判断に任せる

第2章　自分の「もしものとき」のこと

葬儀について

記入日　　年　　月　　日

できるだけ具体的に自分の考えを伝えておくと、「もしものとき」に家族が迷うことも少なくなります。書き切れない場合は、別紙に書いて貼りつけるなどするといいでしょう。

❖ 香典・供花
- □ 一般的な形でいただく
- □ 辞退してほしい
- □ そのほか（　　　　　　　　　　　　　　　　　　　　　　　　　　　　　）
- □ 家族・親族の判断に任せる

祭 壇
- □ 生花祭壇　花の種類・色など：
- □ 白木祭壇
- □ そのほか（　　　　　　　　　　　　　　　　　　　　　　　　　　　　　）
- □ 家族・親族の判断に任せる

❖ 祭壇に飾ってほしいもの
内容：

❖ 葬儀で使用したい音楽
内容：
保管場所：

❖ 伝えてほしいメッセージ
保管場所：

❖ 副葬品
入れてほしいもの：

特に記しておきたいこと（そのほかの要望など）

記入日　　年　　月　　日

葬儀の内容についてある程度こだわりのある人は、普段から実際に葬儀を行うことになる家族にその内容をよく伝え、理解してもらえるよう努めることも大切です。

❖ 死亡通知
- ☐ 業者が用意したものでかまわない
- ☐ 文面を用意している　保管場所：
- ☐ わざわざ用意せず電話連絡で十分
- ☐ 家族・親族の判断に任せる

❖ 香典返し
- ☐ しきたりどおりの半返しにする
- ☐ 礼状のみで香典返しは必要ない
- ☐ 右記に寄付してほしい　名称：　　　　　　　　　　連絡先：
　　　　　　　　　　寄付の割合：☐ 一部（　　　％）　☐ 全部
- ☐ 家族・親族の判断に任せる

❖ 返礼品（会葬返礼品・粗供養品）
- ☐ 業者が用意したもの、地域の慣例に則ったものでかまわない
- ☐ 希望するものがある　内容：
- ☐ すでに用意してある　保管場所：
- ☐ 返礼品は必要ない
- ☐ そのほか（　　　　　　　　　　　　　　　　　　　　　　　　　　）
- ☐ 家族・親族の判断に任せる

❖ 会葬礼状
- ☐ 業者が用意したものでかまわない
- ☐ 文面を用意している　保管場所：
- ☐ ぜひ入れてほしい一文がある　内容：
- ☐ 家族・親族の判断に任せる

特に記しておきたいこと（そのほかの要望など）

第2章　自分の「もしものとき」のこと

墓・納骨について

記入日　　年　　月　　日

墓や納骨についての自分の考え、希望を記入するページです。墓参りなどをすることになる遺された家族や親族のことも考慮して書くようにしましょう。

❖ 希望する墓
- ☐ 先祖代々の墓
- ☐ すでに購入している墓
- ☐ 新たに墓を購入　希望の場所：
- ☐ 合祀の永代供養墓　希望の場所：
- ☐ 納骨堂　希望の場所：
- ☐ 樹木葬墓地　希望の場所：
- ☐ 散骨してほしい　希望の場所：
- ☐ 自宅に置いてほしい　期間：
- ☐ 家族・親族の判断に任せる

❖ 墓の場所
名称：　　　　　　　　　　所在地（区画番号）：
連絡先：　　　　　　　　　墓地使用権者：

❖ 墓石
- ☐ 要望がある
- ☐ 家族・親族の判断に任せる

❖ 分骨
- ☐ してほしくない
- ☐ 分骨してほしい　分骨先：
- ☐ 家族・親族の判断に任せる

❖ 散骨（自然葬）
- ☐ 希望しない
- ☐ 一部はお墓に納骨し、一部を散骨してほしい
- ☐ すべて散骨してほしい　散骨方法：　　希望の場所：
- ☐ 家族・親族の判断に任せる

❖ 墓・納骨などにかかる費用
- ☐ 私自身の財産を使ってほしい
- ☐ 保険で用意している　保険会社名：　　保険名：　　連絡先：
- ☐ 家族・親族で工面してほしい
- ☐ 家族・親族の判断に任せる

特に記しておきたいこと（そのほかの要望など）

供養・法要について

記入日　　年　　月　　日

墓地・墓石・仏壇などの祭祀財産には相続の際、税金はかかりません。祭祀財産のない場合は生前に購入しておくと、そのぶん相続税をかからなくすることができます。

❖ 継承（主催）者
- ☐ 祭祀継承（主催）者を決めている　名前：
- ☐ 関係のある者同士が共同で行ってほしい　名前：
- ☐ 家族・親族の判断に任せる

❖ 供養
- ☐ お墓参りはきちんとしてほしい
- ☐ 仏壇の世話はできるだけ毎日してほしい
- ☐ 可能な範囲でいいので、ときどきお墓参りをしてほしい
- ☐ 家族・親族の判断に任せる
- ☐ 供養は必要ない

❖ 法要
- ☐ 要望がある
    - ◎四十九日（三十五日）　規模：　　　場所：
        施主・式次第・会食の料理・引出物などの要望：
    - ◎一周忌法要　　規模：　　　場所：
        施主・式次第・会食の料理・引出物などの要望：
    - ◎三回忌法要　　規模：　　　場所：
        施主・式次第・会食の料理・引出物などの要望：
- ☐ 家族・親族の判断に任せる

❖ 法要にかかる費用
- ☐ 私自身の財産を使ってほしい
- ☐ 家族・親族で工面してほしい
- ☐ 家族・親族の判断に任せる

特に記しておきたいこと（そのほかの要望など）

第2章　自分の「もしものとき」のこと

遺言書について

記入日　　年　　月　　日

遺言書の有無などについて記入するページです。遺言書を作成しているかどうかわからないと、その存在を知らずに家族が遺産分割協議をしてしまうこともあります。

❖ **遺言書**

☐ 遺言書を作成している

　　☐ 自筆証書遺言　☐ 公正証書遺言　☐ 秘密証書遺言　☐ 遺言委託　☐ そのほか

　保管場所：

　作成日：　　年　　月　　日

　内容の概略：

　委託している人　名前：　　　　　　　　　　　　　　この人の情報は（→ P　　）

　　　　　　　　　連絡先：

☐ 遺言書を作成していない

　理由：

☐ これから作成する予定

特に記しておきたいこと（そのほかの要望など）

遺産・遺品について

記入日　　年　　月　　日

財産や貴金属に関しては、本書に記入したことに法的効力はないので注意してください。そのほかのものについては個人の希望・要望として記入しておきましょう。

❖ 遺産

☐ 遺言書にすべて書いてある
☐ 家族・親族の判断に任せる
☐ 次のようにしてほしい

遺産の内容			
遺す人の名前	この人の情報(→P　)	この人の情報(→P　)	この人の情報(→P　)
間柄			
理由など			

※エンディングノートに法的効力はありません。遺言書は別に作成しておきましょう。

❖ 形見分け

☐ 家族・親族の判断に任せる
☐ 次のようにしてほしい

品物			
保管場所			
受け取ってもらいたい人の名前	この人の情報(→P　)	この人の情報(→P　)	この人の情報(→P　)

❖ 所有物（コレクションなど）の引き継ぎ・処分

☐ 家族・親族の判断に任せる
☐ 次のようにしてほしい

品物			
保管場所			
受け取ってもらいたい人の名前	この人の情報(→P　)	この人の情報(→P　)	この人の情報(→P　)

❖ 日記・写真・PCデータなどの対処・処分

☐ 家族・親族の判断に任せる
☐ 次のようにしてほしい

品物			
保管場所			
対処してほしい人の名前	この人の情報(→P　)	この人の情報(→P　)	この人の情報(→P　)

第2章　自分の「もしものとき」のこと

もしものときのために知っておきたい

コラム **3**

相続と遺言の関係

ぼんやりと考えたことはあっても、具体的に自分の意思を伝えるとなるとなかなか難しい相続のこと。離婚や再婚が増え、少子化が進むなか、相続人が初対面同士という場合もない話ではありません。遺された人々の間で不本意なトラブルが起こらないよう、相続について一度考えてみましょう。

トラブルが起こりやすい法定相続

相続にまつわるモメ事といえば資産の多い一部の人の問題、という印象があったのは過去の話。法定相続人*1・法定相続分*2などについて示された半世紀余り前の民法改正以来、均等相続についての権利意識が一般的になり、ごく普通の家庭でも相続をめぐって多くのトラブルが発生するようになってきています。

特にトラブルが起こりやすいのが、離婚や再婚をした人、子供がいない夫婦、自宅以外の財産がない人、疎遠な相続人同士などが関わる相続。該当しそうな人は、自分の遺産が法定相続された場合の内容について、あらかじめ調べておきましょう。

また、内縁のパートナー、認知していない子供、同居している嫁や婿、世話になった友人など、法定相続人以外の人に財産を遺したい場合、遺言は必須。下記のような希望のある場合にも必ず用意してください。

- 法定相続と異なる割合での相続をしたいとき
  たとえば……「相続人のうちの誰かに多く遺したい」
- 相続人ごとに相続させる財産を特定したいとき
  たとえば……「自分と同居していた弟には家を、兄には○○を」
- 第三者への遺贈をしたいとき
  たとえば……「お世話になった友人に○○を」
- 遺産分割を禁止したいとき
- 生前贈与があるとき
- 遺贈を決めているとき
- 遺留分*3の取り扱いについて希望のあるとき
- 社会に役立てるための寄付をしたいとき

※このエンディングノートは自分の意思を伝えることはできますが、法的効力はありません。財産の多少にかかわらず、必要を感じる人は正式な遺言書を作成しておきましょう。

＊1　法定相続人
配偶者　　　　常に相続人
第1順位　　　子（卑属）・代襲相続人（孫・曾孫）
第2順位　　　親（尊属）
第3順位　　　兄弟姉妹・代襲相続人（一代に限り）

＊2　法定相続分
1) 被相続人に子供がある場合
   配偶者1/2、子1/2
2) 被相続人に子供がない場合
   配偶者2/3、父母1/3
3) 被相続人に子、父母ともにない場合
   配偶者3/4、兄弟姉妹1/4

【法定相続の割合】

配偶者と子（直系尊属、第1順位）が相続人になる場合
子1/2　配偶者1/2

配偶者と親（直系尊属、第2順位）が相続人になる場合
親（直系尊属）1/3　配偶者2/3

配偶者と兄弟姉妹（第3順位）が相続人になる場合
兄弟姉妹1/4　配偶者3/4

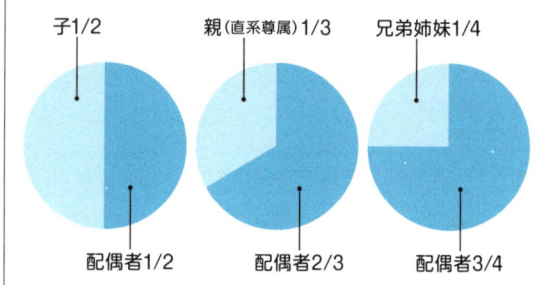

＊3　遺留分
故人の意思にかかわらず、法定相続人（故人の兄弟姉妹は除く）が一定の割合の財産をもらう権利。遺言書に「○○（友人など）にすべての財産を与える」と記載があった場合も、配偶者や子、親は合わせて2分の1の権利を主張できる。相続人が直系尊属のみの場合の遺留分は合わせて3分の1となる。

【遺留分の割合の例】

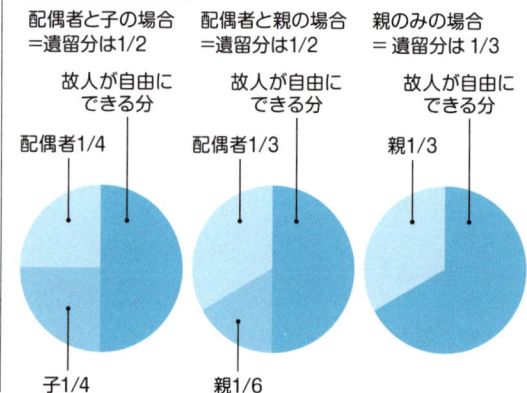

配偶者と子の場合
＝遺留分は1/2
故人が自由にできる分
配偶者1/4
子1/4

配偶者と親の場合
＝遺留分は1/2
故人が自由にできる分
配偶者1/3
親1/6

親のみの場合
＝遺留分は1/3
故人が自由にできる分
親1/3

コラム 4 もしものとき のために知っておきたい

遺言書の意味と特徴

遺言書の作成は、特別な人たちだけのものではありません。
資産の大小にかかわらず、相続について考え、自分の希望を伝えておくことは、
遺された人々にとっても非常に意味のあることです。

相続争いを回避する遺言書

相続財産には、不動産、金融資産のほかさまざまなものがあります。相続人が複数いる場合は、誰が何を、どのように相続するかが大きな問題に。法定相続を盾に均等相続にこだわり続ければトラブルにならないほうが珍しいくらいです。

そんな相続にまつわるトラブルも、一説には、法的効力のある正式な遺言書が用意されていれば件数は三分の一に減るともいわれています。

ここからもわかるように、自らの意思を死後に実現するために作成する遺言証書、いわゆる遺言書は、遺言者の意思を法律上保護することで、遺された人々を納得させ、争いを防ぐことにもつながるのです。

遺言書の種類と特徴

遺言書には一般に、「自筆証書遺言」「公正証書遺言」「秘密証書遺言」の3種類があり、主な特徴としては、次のようなことが挙げられます。

・内容は、遺産の分割・相続分の指定などが中心。
・規定に従って後日書き加えたり削除することができる。
・最後に書かれたものが有効となる。
・公正証書遺言は手話または筆談によっても作成することができる。また、本人の署名が不可能な場合、公証人が代わりに署名できる。

※終末医療・尊厳死については公正証書を作成（→P23）。葬儀や墓などについては、祭祀承継者を指定し、委任して公正証書を作成しておく。

・「自筆証書遺言」「公正証書遺言」ともに、作成を公表しないまま死亡した場合、相続人はその存在を知らずに遺産分割協議などをしてしまうことになる（信頼できる人に遺言書を預けるか、その存在を伝えておく必要がある。または、2020年7月までに実施される法務局での保管制度を利用することもできる）。

遺言書の確実な作成・実現にあたっては、専門機関や専門職に相談し、必要な手続きをとることをおすすめします。公証業務の専門機関である公証役場（→P23）は、最寄りの行政機関で確認するほか、ウェブサイト、電話帳などで調べてみてください。

	自筆証書遺言	公正証書遺言	秘密証書遺言
特徴	本人の自筆による遺言書。一五歳に達していれば書くことができる。全文自筆で書くこと（ただし、2019年1月13日から、財産目録はパソコン作成やコピーでも可。その場合、各ページに署名押印が必要）、日付及び氏名も必ず自書すること、押印があること、と法律で形式が厳格に定められており、一つでも欠けると遺言は無効となる。	証人2人以上の立ち会いのもと、公証人に対し遺言を口頭で伝え、公証人がその内容を文章化し作成する遺言書。公証人が遺言書を遺言者と立ち会いの証人に読み聞かせるか閲覧させ、間違いがなければその後全員が署名・捺印する。遺言書は「原本」「正本」「謄本」の3通を作成し、原本は公証役場に保存される。	遺言の内容を記載した書面に署名押印した上でこれを封じ、封印して公証人と証人2人の前に封書を提出。公証人がその存在と遺言者が書いたものであることを公証する遺言書。
メリット	■証人の立ち会い不要で費用がかからないので、いつでも気軽に作成できる。 ■遺言の内容及び存在を秘密にできる。	■変造・偽造・隠ぺい・紛失・破棄などのおそれがない。 ■法的不備がない。 ■家庭裁判所の検認手続きが不要。 ■何らかの理由で自筆ができない人でも作成できる。	■内容を秘密にしたまま、遺言書の存在や自分の意思で遺言したことを公証してもらえる。 ■署名以外は手書きである必要がないため、手間がかからない。
デメリット	■変造・偽造・隠ぺい・紛失・破棄などのおそれがある。 ■加除訂正方法が法律で細かく定められており、遺言として無効になることがある。 ■開封前に家庭裁判所の検認手続きが必要。ただし、2020年7月までに実施される法務局での保管制度を利用すれば、検認は不要。 ■遺言の存在に気づいてもらえないおそれがある。	■費用がかかる。 ■公証人、証人2人が必要なので、内容を秘密にできない可能性がある。	■遺言の内容に法的不備があり、遺言として機能しない場合がある。 ■開封前に家庭裁判所の検認手続きが必要。

コラム 5

もしものとき のために知っておきたい

葬儀・納骨・墓・法要

自分の「もしものとき」について考え、あらかじめ用意しておくのはなかなか難しいことです。
ただ、そのときが急であればあるほど、遺された人々の心理的・物理的負担は大きくなります。
遺された人々を悩ませないためにも、本書に自分の考えをまとめ、できることは準備しておきましょう。

自分らしい送られ方を考える

要望を矛盾なく書いておかないと、遺された人々の混乱を呼ぶのがこの葬儀・納骨・墓・法要に関することです。「家族・親族の判断に任せる」をチェックする一方で、要望を記入したりしていませんか。もう一度見直してみてください。

葬儀などに際して自分らしいプランを実現するためのポイントは、前もって心づもりをして情報を集めておくことです。昨今は、結婚式同様、葬儀も、従来の「一般葬」に加え、「密葬（家族葬）」、形にとらわれることのない「無宗教葬*1」などの「自分葬*2」を選ぶ人が増えています。通夜と火葬のみという選択や、火葬と埋葬だけを行う「無葬儀（直葬）*3」も。本書の項目を参考に、自分はどういう送られ方をしたいのか、整理してみましょう。

とはいえ、自己流にこだわりすぎると親族が世間体を気にして喪主などが非難されたりすることがあるので、その点も留意してください。

なお、遺言書の項でも言及しましたが、葬儀や墓などに関する自分の意思を実現させるためには、祭祀承継者を指定し、委任して公正証書を作成しておくことが必要です。

また、葬儀などを仏教形式で行う人は多いと思われますが、寺院墓地に墓がある場合には、葬儀の準備を始める前にお寺に死亡を伝え、葬儀での読経、戒名、納骨のことなどについて話し合っておきましょう。寺院が運営する墓地・霊園の場合、入檀の必要の有無も確認しておいたほうが賢明です。

納骨と散骨

墓守りをする跡継ぎのいない家や、墓を持たない核家族の増加により、従来の公営や民営、寺院境内の墓地の墓に加え、「永代供養墓・合葬墓*4」「共同墓*5」「納骨堂」などの利用が増えるなど、納骨のスタイルも時代とともに様変わりしてきました。その

うち納骨堂は、墓地がなかったり遠かったりする場合に遺骨を納める専用の屋内型の施設で、遺骨を墓に納めるまでの間一時的に利用するものと、墓地に埋葬せず永久的に利用するものがあります。後者は従来の墓に比べて比較的料金が安価、墓石を購入する必要がないといった理由からも支持され、全国各地で増加。霊園や寺院の施設が一般的ですが、神道、道教、キリスト教などでも同様のものが見られます。

また一方で、納骨でなく「散骨（自然葬）」を選ぶ人も増えています。

散骨には、地上散骨、海洋散骨のほかにも選択肢がありますが、地上に散骨するときは墓地埋葬法により地表に撒くことになっています。里山保全埋葬預託事業として里山ベリートラスト（里山自然葬）、墓地埋葬法に定められた墓域に埋め、樹木を植えるなど自然と共生することをうたった自然葬の一種である「樹木葬」といったものもあります。

これらの新しいスタイルの葬送は、本人の強い希望があっても、遺された人々が心の拠りどころをなくしたと感じて複雑な思いに駆られることも。普段から家族などと話し合い、すべてを散骨せずに分骨して一部を納骨するといった選択も検討してみましょう。

*1　**無宗教葬**
墓が寺院の墓地にある場合、納骨を断られるということも多々ある。

*2　**自分葬**
自分の意思を反映させた自分らしい葬儀。「無宗教葬」「音楽葬」「お別れ会」「生前葬」や「散骨（自然葬）」などがある。

*3　**無葬儀（直葬）**
葬儀業者でないと火葬場を予約できないことがあり、その場合、生前に業者と打ち合わせしておく必要がある。

*4　**永代供養墓・合葬墓**
家族単位ではなく、共同で利用する墓。寺院では「永代供養墓」、公営や民営の墓地では「合葬墓」と呼ぶ。

*5　**共同墓**
血縁を超えた会員から構成される会で、共同墓や納骨堂をつくって会員が死亡するとそこに納骨、残った会員が供養していくというシステム。生前申し込みが原則。

ENDING NOTE BOOK

第 3 章
自分の大切なもの・
伝えておきたいこと

思い出の1枚を貼りましょう

撮影日：　　　　　　　場所：

趣味・好きなもの・大切なもの

記入日　　年　　月　　日

【趣味】

【特技】

【好きな食べ物】

【苦手な食べ物】

【好きな色】

【好きな季節・気候】

【好きな動物】

【好きな花・植物】

【好きな服・ファッション・ブランド】

【好きな音楽・歌・カラオケの十八番】

【好きな本・作家】

【好きな映画】

【好きなテレビ・ラジオ番組】

【好きな街・場所・光景】

記入日　　年　　月　　日

【好きなスポーツ(観る)】

【好きなスポーツ(行う)】

【好きな有名人・歴史上の人物】

【尊敬する人・影響を受けた人】

【得意なこと】

【不得意なこと】

【信念・モットー】

【座右の銘・好きな言葉】

【自分の性格(長所・短所)】

【生きがい・ライフワーク】

【　　　　　　　　】

【　　　　　　　　】

【　　　　　　　　】

【　　　　　　　　】

第3章　自分の大切なもの・伝えておきたいこと

自分年表

記入日　　年　　月　　日

私が生まれたときのこと

生まれた場所

生まれたときは

　　　　　　cm　　　　　　g

出生時のエピソードなど

名前の意味

命名した人

（間柄：　　　　　　）

記憶にある最初の思い出

題して「私の　　　　　時代」

（　　　）年［　　歳］〜（　　　）年［　　歳］

住んでいたところ

当時の家族構成

学校・職業など

出会った人・親しくしていた人

お世話になった人

印象に残っていること・場所

この時期の「初体験！」

病気・けがなど

そのほか

記入日　　年　　月　　日

題して「私の　　　　　　時代」
(　　　)年[　　歳]～(　　)年[　　歳]
住んでいたところ
当時の家族構成
学校・職業など
出会った人・親しくしていた人
お世話になった人
印象に残っていること・場所
この時期の「初体験！」
病気・けがなど
そのほか

題して「私の　　　　　　時代」
(　　　)年[　　歳]～(　　)年[　　歳]
住んでいたところ
当時の家族構成
学校・職業など
出会った人・親しくしていた人
お世話になった人
印象に残っていること・場所
この時期の「初体験！」
病気・けがなど
そのほか

第3章　自分の大切なもの・伝えておきたいこと

自分年表

記入日　　年　　月　　日

題して 「私の　　　　　　　　時代」 (　　　)年 [　　歳] 〜 (　　　)年 [　　歳]	題して 「私の　　　　　　　　時代」 (　　　)年 [　　歳] 〜 (　　　)年 [　　歳]
住んでいたところ	住んでいたところ
当時の家族構成	当時の家族構成
学校・職業など	学校・職業など
出会った人・親しくしていた人	出会った人・親しくしていた人
お世話になった人	お世話になった人
印象に残っていること・場所	印象に残っていること・場所
この時期の「初体験！」	この時期の「初体験！」
病気・けがなど	病気・けがなど
そのほか	そのほか

記入日　　年　　月　　日

題して 「私の　　　　　　　　　時代」
(　　　)年[　　歳]～(　　　)年[　　歳]
住んでいたところ
当時の家族構成
学校・職業など
出会った人・親しくしていた人
お世話になった人
印象に残っていること・場所
この時期の「初体験！」
病気・けがなど
そのほか

題して 「私の　　　　　　　　　時代」
(　　　)年[　　歳]～(　　　)年[　　歳]
住んでいたところ
当時の家族構成
学校・職業など
出会った人・親しくしていた人
お世話になった人
印象に残っていること・場所
この時期の「初体験！」
病気・けがなど
そのほか

第3章　自分の大切なもの・伝えておきたいこと

思い出・エピソード集

記入日　　年　　月　　日

日時	行事・出来事の内容	特に印象的だったことなど
年　月　日		
年　月　日		
年　月　日		
年　月　日		
年　月　日		
年　月　日		
年　月　日		
年　月　日		
年　月　日		
年　月　日		
年　月　日		
年　月　日		
年　月　日		
年　月　日		

私からのメッセージ

記入日　　年　　月　　日

_____ さんへ

この人のこと(→P　　)

_____ さんへ

この人のこと(→P　　)

_____ さんへ

この人のこと(→P　　)

_____ さんへ

この人のこと(→P　　)

_____ さんへ

この人のこと(→P　　)

_____ さんへ

この人のこと(→P　　)

第3章　自分の大切なもの・伝えておきたいこと

私からのメッセージ

記入日　　年　　月　　日

_____ さんへ

この人のこと（→P　　）

_____ さんへ

この人のこと（→P　　）

_____ さんへ

この人のこと（→P　　）

_____ さんへ

この人のこと（→P　　）

_____ さんへ

この人のこと（→P　　）

_____ さんへ

この人のこと（→P　　）

記入日　　年　　月　　日

_____ さんへ

この人のこと(→P　　　)

_____ さんへ

この人のこと(→P　　　)

_____ さんへ

この人のこと(→P　　　)

_____ さんへ

この人のこと(→P　　　)

_____ さんへ

この人のこと(→P　　　)

_____ さんへ

この人のこと(→P　　　)

第3章　自分の大切なもの・伝えておきたいこと

MEMO

MEMO

●日⃝⃝
⃝⃝⃝⃝⃝⃝⃝⃝⃝⃝⃝⃝⃝⃝⃝⃝⃝⃝料の有
無が⃝⃝⃝てい⃝⃝
http://www.nichibenren.or.jp/
〒100-0013　東京都千代田区霞が関1-1-3 弁護士会館15階
TEL 03-3580-9841　FAX 03-3580-2866

● 日本司法書士会連合会
各都道府県に司法書士総合相談センターを設置しています。
http://www.shiho-shoshi.or.jp/
〒160-0003　東京都新宿区本塩町4-37
TEL 03-3359-4171　FAX 03-3359-4175

● 日本公証人連合会
全国に約三〇〇カ所ある公証役場では、公正証書遺言（→P23）の作成などを
行ってくれます。最寄りの所在地など詳細な内容については、お問い合わせください。
http://www.koshonin.gr.jp/
〒100-0013　東京都千代田区霞が関1-4-2 大同生命霞が関ビル5階
TEL 03-3502-8050　FAX 03-3508-4071

● 家庭裁判所
家庭裁判所では、音声案内またはファックスによる「家事手続情報サービス」を行っています。
http://www.courts.go.jp/map.html

● 自治体
都道府県や市町村などでも行政サービスの一環として無料の法律相談などを行っています。詳しくは最寄りの各自治体へお問い合わせください。

参考文献
『家族も安心「エンディングノート」自分で決めるお葬式と手続き』（若尾裕之監修、二見書房）

もしものときの
エンディングノート

監修	江﨑正行（えざきまさゆき）
発行所	株式会社 二見書房
	東京都千代田区神田三崎町2-18-11
	電話03（3515）2311〔営業〕
	03（3515）2313〔編集〕
	振替00170－4－2639
ブックデザイン	ヤマシタツトム＋ヤマシタデザインルーム
編集協力	立花律子・手塚よしこ（POMP LAB.）
編集	渡邉悠佳子
印刷	株式会社 堀内印刷所
製本	株式会社 村上製本所

©Futami-Shobo 2013, Printed in Japan
落丁・乱丁本はお取り替えいたします。定価・発行日はカバーに表示してあります。
ISBN 978-4-576-13095-8　http://www.futami.co.jp